Silja Bembé
Igel zu Besuch

Für Lehrkräfte gibt es zu diesem Buch
ausführliches Begleitmaterial beim Hase und Igel Verlag.

ISBN 978-3-86760-176-4
8. Auflage 2022

Silja Bembé

Igel zu Besuch

Mit Bildern von Irene Mohr

Hase und Igel®

Endlich Ferien!

„Mein Skateboard kann ich nicht hierlassen, auf keinen Fall!"

Noch einmal versuchte Stefan, sein Brett auf das im Auto verstaute Gepäck zu pressen und den Kofferraum schnell zu schließen. Diesmal klappte es. Nicht auszudenken, was das bedeutet hätte: ein Familienurlaub ohne sein geliebtes Skateboard!

Die Osterferien waren endlich da und Familie Hübner wollte morgen, wie jedes Jahr an Ostern, zu den Großeltern nach Südtirol fahren. Familie Hübner, das waren Cornelia und Wolfgang, die Eltern, und die Kinder: Stefan, Irina und das kleine Schwesterchen Kathi. Stefan war schon 13 Jahre alt und in der siebten Klasse, Irina wurde bald elf und Kathi hatte an Fasching ihren dritten Geburtstag gefeiert.

Seit Kathi in der Kindergruppe war, arbeitete Cornelia wieder halbtags im

Kinderheim und Wolfgang hatte tagaus, tagein in der Stadtverwaltung zu tun. Ostern lag dieses Jahr sehr spät und alle freuten sich auf den Urlaub. In der Schule waren noch jede Menge Arbeiten geschrieben worden und die Kinder waren müde vom Lernen.

In Südtirol war es meist schon wärmer als zu Hause in Würzburg und man merkte dort richtig, dass es Frühling war: Die Luft roch viel milder und überall duftete es nach Blumen. Die Großeltern bewirtschafteten mit ihrem Sohn, Wolfgangs Bruder, einen Bauernhof. Dort gab es immer viel zu sehen und tolle Spielmöglichkeiten für die Kinder. Inzwischen waren sie so alt, dass sie manchmal richtig mithelfen konnten.

Nachdem am späten Nachmittag des letzten Schultags das Auto gepackt worden war, ging es am ersten Ferientag sehr früh morgens los. Schon um vier Uhr saß die ganze Familie im Auto und die Reise konnte beginnen. Kathi schlief noch und wurde von

Wolfgang ins Auto getragen, die beiden
großen Kinder aber waren hellwach.
Sie hatten vor Aufregung die ganze Nacht
nicht richtig geschlafen. So früh waren sie
noch nie losgefahren.

Auf der Fahrt wurde geplant, was sie
diesmal alles unternehmen wollten.

„Also, wandern werde ich bestimmt
nicht", sagte Stefan. „Der Hof ist super zum
Skateboardfahren. Das reicht mir."

Irina freute sich auf die Tiere, besonders
auf die kleinen Lämmchen, die immer um
die Osterzeit herum geboren wurden.

Und die Eltern freuten sich auf die Berge.
Hoffentlich lag oben noch genügend
Schnee, um Tourenski zu fahren. Sicher
würden die Großeltern ein paar Tage auf

die Kinder aufpassen. So verging die Fahrt einigermaßen angenehm und die Freude war groß, als sie zum Mittagessen und bei Sonnenschein bei den Großeltern eintrafen. Natürlich gab es Pizza, wie immer am ersten Tag, denn das war das Lieblingsessen von Stefan und Irina.

Nach dem Autoausladen stöberten die Kinder in allen Gebäuden und auf dem Hof herum. Das machten sie immer, um zu sehen, was sich alles verändert hatte und was so war wie immer. Durch die große Scheune und die Ställe waren sie schon gelaufen, hatten die Pferde und Kühe begrüßt und natürlich war Bob, der Schäferhund, dabei. Im Schafstall gab es schon

zwei kleine Lämmchen, aber die große
Ablammung hatte noch nicht begonnen.

Irina lief vorneweg und rief plötzlich:
„Stefan, schnell!"

Sie kniete vor dem Hasenstall und hatte
entdeckt, dass es hier eine Menge Nach-
wuchs gab. Auch Stefan war begeistert. Sie
versuchten, die kleinen Hasen zu zählen,
aber das war hoffnungslos. Es war ein ein-
ziges Gewusel und Stefan sagte: „Das
schaffen wir nicht! Komm, wir fragen Oma."

Oma war im Gemüsegarten, wo sie gerade Salat pflanzte, und Kathi spielte neben ihr auf dem Boden.

„Was gibt's, ihr Strolche?", fragte Oma gleich. „Ihr kommt doch sicherlich nicht, weil ihr euch langweilt und einer alten Frau beim Arbeiten zuschauen wollt, oder?"

„Oma, wir wollen wissen, wie viele

Hasenkinder es gibt. Wir können sie einfach nicht zählen", sagte Stefan.

„Ja, ihr beiden, da fragt ihr mich zu viel. Inzwischen weiß ich es auch nicht mehr, es kommen fast jeden Tag neue Häschen dazu. Wenn ihr es genau wissen wollt, müssen wir die Hasen einzeln heraus-nehmen und zählen", antwortete Oma.

„Oh, Kaninsen, will auch sehen!", rief Kathi, die genau verstanden hatte, über was die anderen sich unterhielten.

„Doch sagt mal", redete Oma weiter, „wart ihr schon hinterm Hühnerstall? Küken gibt es auch eine Menge, aber die meine ich nicht. Ihr müsst da unbedingt mal nachschauen, aber erst in der Dämmerung, denn dort haben wir einen neuen Gast."

„Wer ist es denn? Bitte, bitte, sag es uns, liebe Oma", quengelte Irina, die immer ganz ungeduldig war.

„Nein, das müsst ihr schon selbst herausfinden. Aber kommt jetzt, Kinder, in der Küche wartet der Kuchen."

Und damit nahm Oma Kathi an der Hand und ging ins Haus. Stefan und Irina flitzten aber noch schnell hinter den Hühnerstall. Bevor sie in Ruhe Kuchen essen konnten, wollten sie erst wissen, wer dort wohnte. Sie rannten um die Stallecke, doch da war die Enttäuschung groß. Niemand, nicht

einmal ein ausgebüxtes Huhn, war zu sehen. Nur ein Laubhaufen, den offensichtlich noch niemand weggeräumt hatte.

„Ich glaub fast, Oma hat uns angeschwindelt", sagte Stefan auf dem Weg zur Küche.

„Hoffentlich hat sie einen guten Kuchen gemacht, dann verzeih ich ihr, dass sie uns zum Narren gehalten hat", meinte Irina.

Der leckere Schokoladenkuchen ließ ihre Laune gleich besser werden und Stefan fragte ganz frech: „Oma, seit wann siehst du Gespenster?"

Oma zwinkerte Opa kurz zu und sagte: „Ich glaube, euer Großvater muss heute Abend, wenn es dunkel ist, einen kleinen Nachtspaziergang mit euch beiden machen. Da wird euch das Lachen schon vergehen."

Opa nickte dazu und meinte nur: „Um acht Uhr seid ihr ausgehfertig. Zieht euch Gummistiefel und Jacken an, aber es darf keiner von euch beiden eine Taschenlampe mitnehmen, nur ich!"

„Ja, was haben denn die beiden ausgefressen?", fragte Cornelia verwirrt. „Haben sie etwas angestellt?"

„Ach was, sie wollen ihrer Oma nur nicht glauben und so muss sie Opa das Fürchten lehren", lachte Oma.

Doch Stefan und Irina war nicht mehr so sehr nach Lachen zumute. Was würde sie wohl in der Dunkelheit erwarten? Irina ging gar nicht gerne im Dunkeln raus. Bei jedem Rascheln und Knacken zuckte sie zusammen und fürchtete sich. Viel lieber wollte sie heute

Abend gemütlich in ihr Bett kriechen und in ihrem spannenden Buch weiterlesen. Doch sie konnte sich auch schlecht vor Stefan blamieren, der ganz cool tat und sich anscheinend auf den Nachtspaziergang freute.

Beim Abendessen war Irina ziemlich still und wollte gar nicht viel essen.

Stefan redete dafür umso mehr, obwohl Irina sicher war, dass auch er lieber ins Bett gegangen wäre.

Im Dunkeln unterwegs

Pünktlich um acht Uhr waren sie fertig.
Großvater hatte seine große Taschenlampe
dabei. Draußen war es schon ganz dunkel,
aber er machte seine Lampe nicht an. „Erst
müssen sich eure Augen an die Dunkelheit
gewöhnen", sagte er.

Also liefen sie ohne Licht los, und wirklich: Bald konnten ihre Augen einzelne Dinge unterscheiden. Sie sahen genau den Umriss vom Stall, erkannten die Bäume und konnten gut auf dem Weg bleiben.

„So, jetzt wird nicht mehr geredet. Wir gehen ganz leise und vorsichtig um den Hühnerstall herum. Versucht kein Geräusch zu machen", sagte Großvater und schickte Stefan vor.

Irina folgte ihrem Bruder, und Großvater bildete das Schlusslicht.

Stefan wurde immer langsamer, ganz sicher fühlte er sich nicht.

Als er um die Ecke vom Hühnerstall kam, hörte er fürchterlich lautes Schnaufen und Husten. Wie angewurzelt blieb er stehen und nahm Irina an die Hand, als sie um die Ecke bog.

Da musste irgendwo ein alter Mann sein, so jedenfalls klangen die Geräusche. Wo blieb Großvater? Jetzt schniefte und schmatzte der Unbekannte ganz laut und man hörte Laub rascheln. Hoffentlich kam er nicht auf sie zu.

„Komm, lass uns gehen", flüsterte Stefan, doch Irina war nicht von der Stelle zu bewegen. Sie drückte sich ganz fest an ihren Bruder, der dadurch etwas mutiger wurde und lauter flüsterte: „Opa, wo bist du?"

Aus einiger Entfernung hörten sie ein „Pssst" vom Großvater, der leise zu den Kindern kam.

„So, ihr beiden, jetzt wollen wir doch mal nachschauen, wer uns da immer besuchen kommt", sagte er.

„Nein, Opa, bitte nicht, ich will nach Hause", jammerte Irina ganz leise und ergriff Großvaters große Hand. So fühlte sie sich gleich etwas besser.

Großvater knipste die Taschenlampe an und richtete sie auf die Stelle, von der das Schnaufen kam. Zuerst konnten sie nichts erkennen, doch dann sahen sie im Lichtkegel ein kleines, dunkles Wesen mit stacheligem Fell – einen Igel!

„Und der macht solchen Lärm?", rief Stefan laut. Der Igel erschrak und rollte sich blitzartig zu einer Kugel zusammen.

„Hat der kleine Igel diese Geräusche gemacht, Opa?", fragte Irina leise und hielt immer noch die große Hand fest.

„Ja, Kinder, seit ungefähr einer Woche ist er aus seinem Winterschlaf erwacht. Er hat

in diesem Laubhaufen den Winter verbracht und jetzt kommt er jeden Abend heraus und sucht sich sein Futter. Ich mach jetzt die Taschenlampe wieder aus und dann bleiben wir ganz still, um zu beobachten, was passiert", sagte Großvater und knipste die Lampe aus.

Erst einmal war es still. Man hörte nur einige Tiere aus den Ställen, in der Nähe regte sich nichts. Erst als sich ihre Augen erneut an die Dunkelheit gewöhnt hatten, konnten die Kinder die wie erstarrt daliegende Igelkugel wieder erkennen. Ganz vorsichtig tasteten sie sich noch einige Schritte weiter vor und knieten sich auf den Boden.

Deutlich konnten sie jetzt erkennen, wie der Igel sich langsam entrollte und sofort mit seiner schwarzen Schnauze zu schnuppern begann.

Zum Glück kam der Wind nicht aus ihrer Richtung und der Igel konnte sie deshalb nicht riechen. Er richtete sich wieder auf, schnaufte laut und schnüffelte überall herum. Manchmal fraß er irgendetwas laut schmatzend und schlürfend – es waren keine sehr appetitlichen Geräusche, die er da machte.

So verschwand er in der Dunkelheit, war allerdings noch lange zu hören. Die Kinder wollten ihm leise hinterherschleichen, doch Großvater sagte: „Für heute habt ihr genug gesehen. Es wird jetzt zu kalt und außerdem ist es schon sehr spät. Morgen können wir wiederkommen und den Igel weiterbeobachten."

„Und wenn der Igel dann weg ist?", wollte Stefan wissen.

„Der geht nicht so schnell weg. Jeder Igel hat sein Revier, in dem er immer anzutreffen ist. Dieser Igel hat sich hier niedergelassen, also wird er auch hier bleiben. Igel sind Einzelgänger, sie bleiben da, wo es ihnen einmal gefällt und wo sie ihren Winterschlaf gemacht haben. Erst zur Paarung machen sich die Männchen auf und verlassen ihr Revier", erklärte Großvater und Stefan war beruhigt.

„Was frisst er denn, dass er so laut und eklig schmatzen muss?", wollte Irina wissen.

„Das können wir uns gleich im Lexikon anschauen, aber jetzt kommt, ihr beiden."

Nur ungern kamen die Kinder mit, aber auf Großvater musste man hören.

„Da seid ihr ja! Glaubt ihr mir jetzt, dass
wir einen neuen Gast haben?", sagte Oma,
als sie wieder im Haus waren.

„Ja, ja!", rief Irina und umarmte Oma
stürmisch. „Am Anfang wäre ich am liebsten
gleich wieder reingerannt. Huh, sind das
unheimliche Geräusche, die so ein Igel
macht. Ich dachte, dass ein Mann im
Garten ist. Aber jetzt müssen Opa und ich
noch etwas im Lexikon nachschauen."

27

„Und dann geht es gleich ins Bett", sagte Opa, der mit dem Tierlexikon kam.

Opa und Irina saßen auf dem Sofa und suchten den Igel.

Er stand unter der Gruppe der Insekten-fresser. Sie wussten jetzt also schon mal, dass er wahrscheinlich hauptsächlich Insekten fraß. Bei Nahrung stand noch: „Die Nahrung des Igels besteht aus Insekten, Regenwürmern, Schnecken, kleinen Wirbeltieren, auch Kadavern, Fallobst, Beeren und Pilzen."

„Opa, was sind Kadaver und kleine Wirbeltiere?", wollte Irina wissen.

„Also, kleine Wirbeltiere sind zum Beispiel junge Mäuse, Jungvögel, Eidechsen, Schlangen und Frösche. Kadaver nennt man tote Tierkörper."

„Bah, und das frisst ein Igel? Das ist ja wirklich eklig!"

„Nun ja, weißt du, Irina, es gibt viele Tiere, die auch Kadaver fressen. Dadurch bekommen sie wichtige Nährstoffe und die toten Tiere werden sozusagen aufgeräumt. Das hat die Natur so eingerichtet. Ein Igel frisst bestimmt nicht viel davon. Hauptsächlich ernährt er sich ja von Insekten, deswegen heißt er auch Insektenfresser", erklärte Opa. „Und nun muss mein kleines Mäuslein ins Bett."

Er nahm Irina auf den Arm und trug sie ins Schlafzimmer. „Schlaf gut, morgen können wir uns weiter Gedanken über den Igel machen", sagte Opa und gab Irina einen Kuss. Stefan war schon längst eingeschlafen.

Cornelia und Wolfgang machten sich gleich morgens auf den Weg, um eine viertägige Skitour zu machen. Die Kinder freuten sich, allein bei Oma und Opa zu bleiben, nur Kathi weinte etwas. Doch als Stefan mit ihr „Kaninsen schauen" ging und sie sogar selbst eins halten durfte, war der Kummer schnell vergessen.

Ebenso schnell vergessen war Stefans
Skateboard. Es stand in der Ecke und wurde
die ganzen Ferien über nicht angerührt.

Es war einfach viel zu interessant mit all
den Tieren und großen Maschinen.

Stefan durfte sogar versuchen, den
großen Traktor selbst zu fahren. Das war
ein tolles Gefühl! Aber ganz einfach war
es nicht und er war froh, dass sein Opa
neben ihm saß.

Irina war tagsüber meist im Schafstall oder auf der Schafweide. Viele Lämmchen wurden geboren und Irina konnte helfen, den Stall herzurichten. Sie streichelte und beruhigte die Schafe und durfte die ganz kleinen Lämmchen mit der Flasche füttern. Das machte sie am liebsten. Auch die kleinen Kälber mochte sie sehr gerne. Mit ihren rauen Zungen schleckten sie begeistert an Irinas Händen.

Langweilig wurde es den Kindern jedenfalls nicht und sie bemerkten kaum, dass Cornelia und Wolfgang so lange weg waren. Auch Kathi war die ganze Zeit beschäftigt. Meist war sie bei Oma und „half" ihr, wo sie nur konnte.

Das Schönste an den Ferien aber waren die Abende mit Opa. Jeden Tag waren sie pünktlich mit der Dämmerung um halb acht fertig, um hinter dem Hühnerstall auf der Lauer zu liegen. Und jeden Abend kam der Igel aus seinem Versteck. Er kündigte sich

immer durch Rascheln und Schnaufen an,
sodass Stefan und Irina sich jedes Mal das
Lachen verkneifen mussten, um das scheue
Tier nicht zu erschrecken.

Manchmal brachten sie ihm auf einem
Tellerchen etwas zu essen mit: einmal ein
rohes Hühnerei, ein anderes Mal etwas
Hundefutter. Großvater wollte das eigentlich
nicht. Er sagte, der Igel müsse sich sein
Futter selbst suchen. Doch der Igel freute

sich immer sehr. Er verschlang alles laut
schmatzend und es schien, als fände er es
völlig normal, dass plötzlich Hundefutter für
ihn bereitstand.

Einmal konnten sie ihm sogar beim
Schwimmen im Ententeich zuschauen. Er
war ein sehr guter Schwimmer und prustete
spritzend und schnaubend durch das Wasser.

Jeden Abend gab es neue Über-
raschungen: wohin er lief, was er fraß und
wie er sich verhielt. Wenn es zu kalt wurde,
gingen die drei Beobachter zurück ins Haus
und lasen gemeinsam im Tierlexikon.
Inzwischen wussten sie sehr viel über
unterschiedliche Igelarten und hatten schon
angefangen, sich mit verwandten Tieren

des Igels, wie zum Beispiel der Spitzmaus, zu beschäftigen.

Wie immer vergingen die Ferien viel zu schnell. Schon musste für die Heimfahrt gepackt werden. Beim Abschied gab es sogar Tränen. Opa versprach: „Ich werde gut auf euren Igel aufpassen. Wenn es etwas Neues von ihm zu berichten gibt, sollt ihr es gleich erfahren."

Mit diesem schwachen Trost ging es wieder nach Hause.

Igelbriefe

In den ersten Tagen nach den Ferien fiel es Irina und Stefan schwer, sich in der Schule zurechtzufinden. Doch bald kehrte wieder der Alltag ein.

Stefan war viel auf der Skateboardbahn und Irina bereitete ihren Geburtstag am 2. Mai vor. Einladungen mussten gebastelt und geschrieben werden und gemeinsam mit ihrer Mutter dachte sie sich schöne Spiele aus.

Viele Kinder kamen zur großen Feier und es wurde ein richtiges Sommerfest. Die Ferien und der Igel waren fast ganz vergessen, nur noch selten hatten die Kinder in der letzten Zeit daran gedacht.

Zum Geburtstag aber bekam Irina ein Päckchen von Oma und Opa mit einem Buch nur über Igel. Auf der ersten Seite stand: *Für unser liebes Geburtstagskind Irina ein Buch über ihren Freund, den Igel.*

Mit einem Mal waren die vielen schönen
Abendstunden mit Opa und dem Igel wieder
im Gedächtnis und Irina hatte große Freude
mit ihrem Buch. Auch Stefan lieh es sich
manchmal aus.

Eine Woche später bekamen Irina und er
wieder Post von den Großeltern:

Liebe Irina, lieber Stefan,

stellt Euch vor, Euer Igel ist eine Igelin!
Opa war weiter jeden Abend draußen, um
den Igel zu beobachten, und gestern Abend

*kam plötzlich noch ein anderer Igel dazu. Er
hat sich sehr interessiert für unsere Igelin,
lief ihr immer hinterher, beschnupperte sie
und machte lustige Geräusche.*

*Zuerst war das der Igelin gar nicht recht.
Sie wollte den neuen Igel verjagen und
fauchte ihn verärgert an, doch der Igel ließ
sich nicht beirren und zeigte weiterhin, dass
er sie toll fand. Wahrscheinlich hat er ihr
viele nette Dinge gesagt, denn sie wurde
immer zutraulicher.*

*Opa holte mich schnell und so konnte
ich ihn auch noch sehen. Das war schön.
Vielleicht haben sie sich gepaart. Nun ist
der fremde Igel wieder fort und wir hoffen,
dass es irgendwann Igelnachwuchs gibt.*

*Viele Grüße an den Rest der Familie,
lasst von Euch hören,*

Eure Oma und Opa

Oh, waren die beiden jetzt aufgeregt! Sie holten gleich Irinas Igelbuch und lasen alles über Igelbabys nach. In dem Buch stand, dass die Tragzeit von Igeln fünf bis sechs Wochen dauert. Schnell holte Stefan seinen

Kalender und zählte die Wochen. Wenn sie Glück hatten, würden die kleinen Igel in den Pfingstferien kommen. Vielleicht durften sie dann zu Oma und Opa fahren!

Gleich am nächsten Tag schrieben sie gemeinsam einen Brief an die Großeltern.

Stefan tippte ihn am Computer und druckte ihn aus. Endlich hatte er etwas Richtiges zu tun, nicht immer nur seine Computerspiele.

Nun kam jede Woche Post für die Kinder, manchmal war auch eine Karte für Kathi dabei. In dem zweiten Brief stand:

Ihr lieben Igelfreunde,

habt vielen Dank für Euren Brief. Das sieht ja sehr ordentlich aus, wenn er getippt ist. Schreibst Du denn auch noch mit der Hand, Stefan?

Unsere Igelin hat sich kaum verändert. Vielleicht frisst sie ein bisschen mehr, aber das kann auch unsere Einbildung sein. Jedenfalls beobachten wir sie weiter und wünschen Euch eine schöne Zeit.

Gruß und Kuss,
Euer Opa

So vergingen die Wochen und besonders
Stefan hatte viel zu tun in der Schule.
Oft war er nicht besonders gut gelaunt,
aber über die Igelpost freute er sich immer
und jedes Mal antworteten sie. Es machte
beiden Kindern viel Spaß, so regelmäßig
Post zu bekommen. Wenn sie einmal später
kam, waren sie richtig enttäuscht, so wichtig
war sie ihnen geworden.

Auf einer Karte stand:

Liebe Kinder,

*heute nur kurz: Die Igelin trägt viel Moos
und Gras in ihre Höhle. Dort polstert sie
wahrscheinlich ein weiches Nest aus. Opa
ist sich nun sicher, dass
es bald Igelbabys
geben wird.*

*Liebe Grüße,
Oma und Opa*

Da war die Freude bei den Kindern groß. Aber wahrscheinlich würden die Igel erst nach den Ferien kommen und Mama und Papa wollten gerne ans Meer fahren.

Stefan und Irina durften selbst überlegen, wo sie hinfahren wollten. Entweder allein zu Oma und Opa oder mit den Eltern an die Nordsee zum Zelten. Das war eine schwierige Entscheidung. Oft saßen die beiden zusammen und überlegten.

Am Meer war es toll, da bestand kein Zweifel. Auch waren sie dort erst einmal gewesen und Zelten machte viel Spaß. Andererseits wollten sie unbedingt die Igel sehen und Ferien allein bei Oma und Opa waren bestimmt auch sehr schön.

Sie lasen genau nach, wie das mit den Igelbabys war und rechneten viel. In dem Buch stand, dass die Igelkinder nach der Geburt noch drei Wochen im Nest bleiben mussten, bevor sie es zum ersten Mal verlassen konnten. Nach ungefähr 45 Tagen waren sie dann ganz selbstständig und würden auch die Mutter verlassen.

Wenn das alles stimmte, würden sie die Igel in den Ferien gar nicht sehen können, denn in ein Igelnest durfte man nicht hineinschauen. Vielleicht aber konnten sie die kleinen Igel ganz am Anfang der Sommerferien sehen?

Irina und Stefan beschlossen also nach vielen Überlegungen, dass sie die Pfingstferien mit den Eltern verbringen und dann in den ersten Sommerferientagen zu Oma und Opa fahren wollten. Hoffentlich erlaubten das die Eltern.

Am Abend wussten sie gar nicht so recht, wie sie fragen sollten. Kathi war schon im Bett und sie saßen mit den Eltern im Wohnzimmer.

Cornelia fragte endlich: „Was ist nur los mit euch beiden? Habt ihr euch gestritten oder warum schaut ihr schon den ganzen Abend so betreten?"

„Nein, Mama, weißt du, es ist so …", fing Stefan an, doch da fiel ihm Irina ins Wort: „Igelbabys sind immer mindestens drei Wochen im Nest, bevor sie zum ersten Mal rausgehen."

„Das kann ja sein, aber was hat das jetzt mit euch beiden zu tun?", wollte Cornelia wissen.

„Wenn wir Pfingsten nach Südtirol fahren, sehen wir die Igel wahrscheinlich gar nicht, und deswegen, ja deswegen wollten wir fragen, …"

Hier setzte Stefan wieder ein: „… ob wir Pfingsten doch bei euch mitfahren dürfen und dann in den ersten Sommerferientagen zu Oma und Opa können." So, endlich war es raus. Die Geschwister schauten sich an und warteten gespannt, was die Eltern jetzt wohl sagen würden.

„Cornelia, ich glaube fast, unsere kleinen Kinder werden allmählich groß und wollen selbst Pläne machen", sagte Wolfgang. „Und ich denke, wenn sie zu Oma und Opa fahren wollen, weil sie dort ihre eigenen Interessen haben, dann sollen sie das auch machen. Was meinst du?"

„Ja also, ich glaube fast, ich habe da nichts mehr zu meinen. Schau dir die beiden nur an. Stefan, meinst du, ihr könnt euch auch schon alleine um Fahrkarten kümmern? Und zu Pfingsten wird es so auch für Kathi viel schöner", antwortete Cornelia.

„Natürlich können wir uns alleine die Fahrkarten kaufen. Wir fahren einfach zum Bahnhof und erkundigen uns da. Das klappt schon." Stefan war begeistert und Irina konnte es kaum glauben. Allein mit dem Bruder in die Sommerferien – das war toll!

Aber jetzt konnten sie sich erst einmal auf Pfingsten freuen. Von Oma und Opa kamen weitere Briefe und Karten, doch noch schien es nichts Neues von den Igeln zu geben.

Die Badeferien in Dänemark mit Schlauchboot und hohen Wellen waren herrlich. Die Kinder liebten den feinen Sand mit den vielen bunten Muscheln, den Seesternen und dem Treibgut. Braun gebrannt kam die ganze Familie nach zwei Wochen zurück.

Für Irina und Stefan begann jetzt der Endspurt des Schuljahrs: Noch einmal musste richtig gearbeitet und viel neuer Stoff gelernt werden.

Eine Woche nach den Ferien kam ein Brief aus Südtirol. Irina war an diesem Tag früh zu Hause, aber sie traute sich nicht, ihn allein aufzumachen. Ausgerechnet heute musste Stefan so lange in der Schule sein und danach hatte er sich auch noch mit seinen Freunden verabredet. Irina wusste gar nicht, wie sie die Zeit verbringen sollte, bis der Bruder endlich kam. Als es endlich so weit war, lief sie ihm mit dem Brief entgegen und gemeinsam machten sie ihn auf. Sie lasen:

Liebe Irina, lieber Stefan,

*danke für Eure Postkarte aus Dänemark!
Wir hoffen, dass Ihr schöne Ferien hattet.
Bei uns auf dem Hof gab es viel zu tun, da
hätten wir Euch gut gebrauchen können.*

*Unsere Igelin hat vorgestern ihre Kinder
bekommen. Wie viele es sind, wissen wir
nicht. Jedenfalls war sie in der letzten
Woche schon ganz dick und viel langsamer
als sonst. Jetzt kommt sie immer ganz eilig
zum Fressen raus, manchmal sogar tagsüber, um dann wieder sehr schnell zu ihren
Kindern zu laufen.*

*Die Kleinen müssten ihre Augen eigentlich
noch zuhaben und bis jetzt nur im Nest
liegen und dort an ihrer Mama trinken.
Wir sind sehr gespannt, wann sie sich zum
ersten Mal zeigen werden.*

Ganz viele liebe Grüße an alle,

Eure Oma und Opa

„Oh, wie gerne wäre ich jetzt da!", rief Irina ganz begeistert.

„Aber im Moment könntest du die Kleinen doch gar nicht sehen", sagte Stefan. „Ich hoffe, dass sie in den Sommerferien noch da sind, aber eigentlich müsste das mit der

Zeit genau hinkommen. Wir müssen uns jedenfalls bald um eine Fahrkarte kümmern."

Sie verfassten gleich, nachdem sie den Brief gelesen hatten, ein Glückwunsch-

schreiben zur Geburt der Igel an die Großeltern. Darin meldeten sie sich auch für die
ersten Sommerferientage an.

„Stefan, kannst du dir vorstellen, wie so
kleine Igel aussehen? Ich kann einfach nicht
glauben, dass sie rosa sein sollen und unter
einer dünnen Haut alle Stacheln haben.
Zu gerne würde ich das sehen", sagte Irina.

„In deinem Buch steht doch auch, dass
die Stacheln bereits nach wenigen Stunden
durch diese Schutzhaut kommen, oder?",
fragte Stefan. „Hoffentlich kann Opa sie
bald sehen, damit er uns alles erzählen
kann." So redeten sie noch lange, bevor sie
ins Bett mussten.

Am nächsten Wochenende suchten
Stefan und Irina eine Zugverbindung aus
dem Internet heraus und fuhren dann
gemeinsam zum Hauptbahnhof. Sie hatten
genügend Geld und ihre Kinderausweise
dabei, um sich gleich die Fahrkarten zu
kaufen und die Plätze zu reservieren.

Die nächsten Wochen vergingen wie im Flug. In der Schule mussten die letzten Arbeiten geschrieben werden und von den Igeln gab es erst einmal nichts Neues.

Nach drei Wochen kam wieder ein Brief. Opa schrieb:

Liebe Würzburger,

wir freuen uns sehr, dass Ihr in den Ferien kommt. Könnt Ihr das auch wirklich alleine mit dem Umsteigen, den Fahrkarten usw.? Oma macht sich schon schreckliche Sorgen, aber wie ich Euch kenne, schafft Ihr das schon.

Jetzt aber zu den Igel-Neuigkeiten! Unsere Igelin hat in den letzten Wochen unglaublich viel gefressen, aber immer in großer Eile. Wir haben schon die ganze Zeit überlegt, wie viele Igelkinder es sein werden, und gestern Abend hat sich das Rätsel endlich gelöst. Wie immer hörten wir um halb acht das bekannte Schnaufen der Igelmutter, doch diesmal kam sie nicht alleine aus ihrem Versteck. Hinter ihr liefen sieben kleine Igel. Sie waren noch sehr unsicher und blieben immer in einer ordentlichen Reihe im Gänsemarsch. Den kleineren Igeln knickten manchmal die Beinchen ein und sie fielen um. Sie müssen das Laufen noch üben.

Die Igelkinder sind unterschiedlich groß,
aber sonst sehen sie ganz ähnlich aus.
Winzig klein sind sie noch, ich glaube nicht,
dass sie mehr als 120 Gramm wiegen.

Für heute genug. Viele liebe Grüße, auch
von Oma,

Euer Opa

Irina sagte: „Sieben Igelkinder, super!
Bestimmt sieht es sehr niedlich aus, wenn
sie hintereinander herlaufen. Hoffentlich
macht Opa mal ein Foto von ihnen!"

„Stimmt. Wir sollten ihm das unbedingt
schreiben und ihn darum bitten, dann macht
er es bestimmt", meinte Stefan.

Im nächsten Brief erfuhren sie, dass sich
die kleinen Igel schon selbst ihr Futter
suchten und dabei ähnliche Geräusche
machten wie ihre Mutter. Allerdings etwas
leiser.

In der letzten Karte, die sie vor den Sommerferien bekamen, stand:

Liebe Kinder,

die kleinen Igel sind viel größer geworden und inzwischen gehen sie schon alleine auf ihre Ausflüge. Jetzt müsst Ihr Euch beeilen,

damit Ihr sie auch noch seht. Wir freuen uns auf nächste Woche und holen Euch von der Bahn ab.

Oma und Opa

Abschied

Am letzten Schultag bekamen die Kinder ihre Zeugnisse, doch diesmal waren sie gar nicht so aufgeregt. Viel wichtiger war, dass sie an dem Tag alles für die Ferien packen mussten, denn am nächsten Morgen würden sie endlich losfahren. Da sie alles selbst tragen mussten, konnten sie nicht so viel mitnehmen wie sonst und mussten gut überlegen, was wirklich nötig war. Zum Glück half Cornelia ihnen bei der Wäsche.

Morgens wurden noch schnell Brote geschmiert und die Zahnbürsten in die Rucksäcke gesteckt, dann ging es mit der ganzen Familie zum Bahnhof. Alle waren aufgeregt, denn heute fuhren die großen Kinder schließlich zum ersten Mal allein weg.

Kathi, Mama und Papa winkten lange und Mama rief dem abfahrenden Zug noch hinterher: „Passt gut auf euch auf!" Dann machte der Zug eine Kurve und die drei am Bahnsteig waren nicht mehr zu sehen.

Nach einer langen, aufregenden Fahrt wurden sie von Oma und Opa am Bahnhof abgeholt. Einmal hätten sie beinahe einen Anschlusszug verpasst, weil ihr Zug Verspätung hatte. Aber ein Schaffner kümmerte sich darum und so ging doch noch alles gut.

Obwohl sie abends sehr müde waren, wollten sie natürlich mit Opa um halb acht

zu den Igeln. Es war noch gar nicht dunkel, sodass sie bestimmt gut sehen konnten.

Gespannt lagen sie auf der Lauer – und wirklich: Pünktlich um halb fing das Schnaufen und Schnauben an. Wer wohl als Erster aus dem Versteck käme?

Schon bogen sich die Zweige zurück und zwei Igel wurden sichtbar. Im Vergleich zur

Igelmutter waren sie noch klein, aber Irina hatte gehofft, dass sie noch kleiner seien. Doch um darüber nachzudenken, blieb ihr keine Zeit. Immer mehr Igel tauchten auf, bis schließlich alle acht zu sehen waren. Jeder von ihnen machte sich nun allein auf den Weg und bald konnte man nur noch Geräusche aus den verschiedensten Richtungen hören.

Die Kinder lagen ganz leise auf dem Hühnerstall. Sie wussten kaum, wo sie zuerst hinschauen sollten. Von da oben hatten sie eine gute Aussicht über einen großen Teil des Gartens, nur die Büsche nahmen ihnen manchmal die Sicht.

Irina und Stefan verbrachten die Tage draußen, halfen beim Ernten und Heumachen. Abends lagen sie mit Opa auf dem Hühnerstall, um die Igel zu beobachten.

Jedes Mal war es wieder aufregend, denn immer ließen sich die Kleinen etwas anderes einfallen. Mal kämpften sie zusammen, dann

wieder jagten sie sich und jeder versuchte,
den besten Futterplatz zu finden.

Eines Abends kamen nur noch vier kleine
Igel aus dem Versteck. Die Kinder warteten
lange, doch es rührte sich nichts mehr.

„Wahrscheinlich sind letzte Nacht die
anderen drei ausgezogen", meinte Opa.

„Dann ist bestimmt bald nur noch die
Igelmutter da", überlegte Stefan traurig.

Und so kam es wirklich. Innerhalb der
nächsten Woche verschwand ein kleiner
Igel nach dem anderen. Sie waren jetzt
groß genug, um ganz allein zu leben.

Zum Schluss blieb nur noch die Igelin
übrig. Auch sie schlief nun nicht mehr in

ihrer Höhle, sondern war nur noch mit viel Glück im Garten zu sehen.

Vielleicht gab es ja im nächsten Jahr wieder kleine Igel, hofften die Kinder. Auf jeden Fall waren sie froh, dass sie die sieben Kleinen noch rechtzeitig gesehen hatten, bevor sie ihr eigenes Leben begannen.